BEI GRIN MACHT SICH IHR WISSEN BEZAHLT

- Wir veröffentlichen Ihre Hausarbeit, Bachelor- und Masterarbeit

- Ihr eigenes eBook und Buch - weltweit in allen wichtigen Shops

- Verdienen Sie an jedem Verkauf

Jetzt bei www.GRIN.com hochladen und kostenlos publizieren

Florian Paschke

Die fabelhafte Welt der Massenmedien

Ein kritischer Blick auf Vergangenheit & Gegenwart

GRIN Verlag

Bibliografische Information der Deutschen Nationalbibliothek:

Die Deutsche Bibliothek verzeichnet diese Publikation in der Deutschen National-
bibliografie; detaillierte bibliografische Daten sind im Internet über http://dnb.d-
nb.de/ abrufbar.

Impressum:

Copyright © 2011 GRIN Verlag GmbH
Druck und Bindung: Books on Demand GmbH, Norderstedt Germany
ISBN: 978-3-656-29155-8

Dieses Buch bei GRIN:

http://www.grin.com/de/e-book/202735/die-fabelhafte-welt-der-massenmedien

Fakultät Gestaltung
Bauhaus-Universität Weimar
Geschichte und Theorie der visuellen Kommunikation
Wintersemester 2010/ 2011

Die fabelhafte Welt der

Massenmedien

- Ein kritischer Blick auf
Vergangenheit & Gegenwart -

Florian Paschke

Inhaltsverzeichnis

1. Einleitung

Der Gegenstand dieser Arbeit ist ein kritischer Blick auf die Entwicklung der Massenmedien, wie wir sie heute kennen und wie wir mit ihnen umgehen. Des Weiteren spielt auch die Veränderung der Kultur durch die Medien eine gewichtige Rolle. Beginnend in der Mitte des 19. Jahrhunderts bis zum Jahr 2011. Im 2. Kapitel findet ein kurzer Rückblick auf das 19. Jahrhundert statt, unter dem Aspekt, wie sich die Kultur in Amerika von einer wort- zu einer bildbestimmten gewandelt hat. Im 3. Kapitel folgt ein Blick auf die deutsche Medienlandschaft und deren Berichterstattung. Im 4. und letzten Kapitel wird ein kurzer Ausblick auf den weiteren Verlauf der Entwicklung der Massenmedien gegeben.

2. Von der wort- zur bildbestimmten Kultur

„Überall, wo Sprache – und insbesondere eine von der Strenge des Buchdrucks kontrollierte Sprache – das vorrangige Kommunikationsmedium bildet, ist ein Gedanke, eine Tatsache, eine Behauptung das unvermeidliche Ergebnis. Der Gedanke mag banal, die Tatsache belanglos, die Behauptung falsch sein, aber wenn die Sprache das Denken lenkt, werden Sinn und Bedeutung unausweichlich.“[1] Diese Äußerung von Neil Postman, aus dem Jahr 1989, ist in der heutigen Zeit wahrscheinlich noch zutreffender als damals. In unserer momentanen Kommunikationswelt ist der durchschnittliche Konsument von Medien jemand, der sich lieber vor den Fernseher oder das Internet setzt und sich von vermeintlicher Oberflächlichkeit begeistern lässt, jemand, der in sich geht und über bestimmte Themen nachdenkt oder sich dazu belist.[2]

2.1 Die Lincoln-Douglas Debatten

Mitte des 19. Jahrhunderts war es keine Seltenheit, dass politische Debatten über mehrere Stunden verliefen. Besonders sind hierbei die Debatten zwischen den beiden berühmten Politikern Abraham Lincoln und Stephen A. Douglas zu nennen. Als diese zum Beispiel am 16. Oktober 1854 in Peoria, Illinois, gegeneinander antraten, hielt Stephan A. Douglas

---

[1] Sparks, S. 87.
[2] Vgl. Meyn, S.230.

eine Rede über drei Stunden. Danach folgte eine Rede von Lincoln, die ebenso viel Zeit benötigte. Daraufhin wurde noch einmal Douglas die Möglichkeit geboten, Lincolns Rede zu kommentieren. Insgesamt war es letztendlich eine 7-stündige Debatte. Den Zuhörern wurde von Lincoln eine Pause angeboten, in der sie Nachhause gehen und eine Mahlzeit zu sich zu nehmen konnten. Danach würde er mit seinen Ausführungen fortfahren. Die Zuhörer nahmen das Angebot freundlich an.[3]

Lincoln und Douglas waren zu diesem Zeitpunkt noch nicht einmal Kandidaten für den Senat der Vereinigten Staaten und hatten trotzdem eine recht große Zuhörerschaft. Die Menschen, die zu solchen Anlässen gingen, sahen es als einen Teil ihrer politischen Bildung an.[4] Zu beachten ist, dass diese Reden keine einfache Satzform, wie wir Sie von heutigen Politikern kennen, aufwiesen, sondern wesentlich verstrickter waren, wie es der folgende Ausschnitt belegt: *"Es wird Ihnen gewiß einleuchten, daß ich in einer halben Stunde nicht auf all das einzugehen vermag, was ein so tüchtiger Mann wie Richter Douglas in eineinhalb Stunden sagen kann; wenn er also etwas gesagt hat, worüber Sie auch von mir etwas hören möchten, worüber ich mich aber nicht weiter auslasse, so werden Sie, wie ich hoffe, daran denken, daß es hieße, etwas Unmögliches von mir zu verlangen, wenn ich hier auf alle seine Anschauungen eingehen sollte."*[5]

In der heutigen Zeit ist es beinahe absurd von einem Publikum zu denken, es könne einem siebenstündigen Wortgefecht zweier Politiker beiwohnen und diesem auch noch aufmerksam folgen, geschweige denn, solch kompliziert gestrickte Sätze direkt verstehen. Allerdings ist dieses gute Verständnis dadurch bedingt, dass es zur damaligen Zeit eine wesentlich größere Literaturgesellschaft gab, in der dem Lesen eine große Bedeutung beigemessen wurde. Man kann sogar von einer Kultur des gedruckten Wortes sprechen.[6] Die Menschen saßen direkt an der Quelle und bildeten sich ihre eigene Meinung zu dem gesagten, ohne durch die Interpretationen dritter irritiert oder beeinflusst zu werden.

Allerdings waren auch sie keine „intellektuellen Übermenschen" – der Rahmen, in dem sich diese Reden präsentierten, glich eher einem Rummel mit Händlern, Musik und Alkohol, – dennoch waren die Zuhörer auf die anspruchsvollen Reden vorbereitet, da sie ansonsten zu dem Gesagten keinen Bezug hätten aufbauen können und somit auch das Interesse an solchen Veranstaltungen nicht so stark gewesen wäre.[7] Hinzu muss man wissen, dass der Akt des Lesens eine Monopolstellung besaß, da es, außer durch die

---

[3] Vgl. Sparks, S. 4.
[4] Vgl. Postman, S. 61.
[5] Ebd. S. 62.
[6] Vgl. Ebd. S. 65, 66.
[7] Vgl. Ebd. S. 64

4

mündliche Überlieferung, keine weitere Möglichkeit gab, sich öffentliches Wissen anzueignen.[8]

2.2 Die Aufhebung des Raumes und ihre Folgen

„Die eine Idee war ganz neu, die andere so alt wie die Höhlenbilder von Altamira."[9] Die neue Idee bestand in einer Technologie, die erst Mitte des 19. Jahrhunderts durch die Elektrizität ermöglicht wurde. Es handelt sich dabei um die Telegraphie. Mit ihrer Hilfe war es möglich, Informationen für damalige Zeiten – in bahnbrechender Geschwindigkeit zu übermitteln. So fortschrittlich und wegweisend diese Technologie auch für die heutige Zeit ist, wenn man bedenkt, dass wir inzwischen an jeden beliebigen Ort der Welt telefonieren und somit private Kontakte pflegen können, genauso überflüssig war, sie andererseits aber auch für unsere Nachrichtenkultur, da mit ihr die Informationsflut kam. Denn die Zeitungen reagierten recht schnell darauf und erkannten das große Potential, das sich ihnen durch den Telegraphen bot. Dadurch gab es Informationen als Massenware, egal ob sie für den Bürger von Nutzen waren oder nicht.[10] Henry D. Thoreau trifft es mit folgenden Worten auf den Punkt: *„Wir beeilen uns sehr, einen magnetischen Telegraphen zwischen Maine und Texas zu konstruieren, aber Maine und Texas haben möglicherweise gar nichts Wichtiges miteinander zu besprechen."*[11] Die Zeitungen fingen an, über die verschiedensten Geschehnisse zu berichten: Naturkatastrophen, Verbrechen, Kriege, Unfälle und so weiter. Es kam nun bei den Zeitschriften nicht mehr auf die Qualität, sondern auf die Quantität an. Es war wie ein Spiel, bei dem es darum ging, wer am schnellsten die meisten und neuesten Nachrichten hatte.[12]
Die Menschen begeisterten sich für diese neue „Schlagzeilensprache" und plötzlich gingen die Probleme aus Maine auch die Menschen aus Texas etwas an, obwohl diese Nachrichten sich nicht auf ihre eigene Handlung auswirkte. Wenn man sich heute die Frage stellt, welche der Nachrichten denn überhaupt für einen persönlich relevant sind, dann fällt einem auf, dass es die Nachrichten aus der lokalen Tageszeitung und dem Hörfunk sind. Falls irgendwo eine Straße gesperrt ist oder das Wetter so schlecht wird, dass man am Samstag nicht mit seiner Familie den geplanten Strandausflug machen kann, maximal noch die Gesetzes Beschlüsse aus der Politik haben für uns Bedeutung. Aber was nützt es uns zu

---

[8] Vgl. Postman, S. 79.
[9] Ebd. S. 83.
[10] Vgl. Ebd. S. 85.
[11] Thoreau, S. 61 f.
[12] Vgl. Postman, S. 87

wissen, dass in Russland ein Flugzeug abgestürzt ist, in Griechenland die Wälder brennen oder in Afghanistan Krieg herrscht? Auf unsere tägliche Handlungsfähigkeit hat das keinerlei Auswirkungen, denn wir sind bei diesen internationalen sozial-politischen Problemen praktisch Handlungsunfähig. Der einzige Einfluss, den der durchschnittliche Bürger auf diese Angelegenheiten ausübt, ist die Vergabe seiner Stimme für einen Volksvertreter bei der nächsten Wahl.[13]

„Für den Telegraphen bedeutet Intelligenz, von vielem >>gehört zu haben<<, und nicht, es zu >>verstehen<<." Dieses Problem hat sich in der heutigen Gesellschaft, zu Zeiten von Google & Wikipedia, weiter ausgebreitet. Wir erfahren nicht mehr selber, sondern lassen erfahren. Selbst bei wissenschaftlichen Arbeiten besteht der erste Schritt darin, Google oder Wikipedia zu befragen.[14] Diese Suchmaschinen haben auf alles eine Antwort, aber nach den Hintergründen und Herleitungen fragt keiner mehr. Es scheint, als wäre unser gesamtes Wissen im Internet ausgelagert.[15]

Die zweite, anfangs angesprochene Idee, war die der Photographie. Durch die Erfindung des Negativs war es möglich, Bilder nun in großen Massen zu drucken und somit für die Zeitungen aufzubereiten. Recht schnell wurde klar, dass durch die Bilder von Personen, Orten, Veranstaltungen oder Katastrophen die Schlagzeilen bzw. Artikel aufgewertet wurden und einen Persönlichkeitswert erhielten. Somit hatte der Leser die Illusion, dass die Nachricht mit seinem näheren Lebensbereich zu tun hat und das „Weltdorf" näher zusammenrückt. In den Bildern lag aber noch ein viel größeres Potential, denn mit Hilfe dieser ließen sich Produkte noch besser verkaufen. Die vorher tristen Textanzeigen wurden durch Fotos aufgefrischt. Somit wurde für eine Menge Amerikaner das Sehen statt dem Lesen zur Grundüberzeugung.[16] Hier wurde die Grundlage für unsere aktuell bunte Werbe- und Medienwelt gelegt. Die Werbung wurde immer weiter perfektioniert, inzwischen gilt sie teilweise sogar als Kunst. Sie besteht aus prägnanten Sätzen und auffallenden Bildern und sie funktioniert besser als je zuvor. Je größer die Werbekampagne umso mehr Einnahmen werden erzielt. Allerdings gibt es am Foto einen Haken, den die Konsumenten meistens großzügig übersehen. Gerade jetzt, zu Zeiten von Photoshop und Co., boomt das verfälschen von Fotos, egal ob es sich dabei um Menschen, Essen oder Gegenstände handelt. Alles wird ins richtige Licht gesetzt, damit das Auge des Käufers möglichst wenige Makel erkennt und ihn dazu veranlasst „zuzugreifen".

---

[13] Vgl. Postman, S. 88.
[14] Vgl. Weber, S. 7.
[15] Vgl. Ebd. S. 22.
[16] Vgl. Postman, S. 96.

Überall werden wir inzwischen mit Werbung und größtenteils überflüssigen Informationen überschüttet. Egal welche Zeitschrift man aufschlägt oder welchen Sender man im Fernsehen schaut, kaum eine dieser Institutionen kann es sich noch leisten, auf die finanziellen Einnahmen der Werbung zu verzichten, da sie einfach eine sichere Einnahmequelle geworden ist.[17] Überhaupt ist das Fernsehen zu einem zentralen Unterhaltungsträger geworden. Kaum ein Haushalt ist ohne ihn ausgestattet. Es ist inzwischen sogar so tief in unserer Kultur verwurzelt, dass wir es noch nicht einmal mehr anzweifeln. Höchstens über die Inhalte, die gezeigt werden, wird gelegentlich noch diskutiert, aber bei der Sendervielfalt, die wir besitzen, ist für jeden Geschmack schon irgendwie das richtige dabei. Man soll ja auch richtig unterhalten werden.[18] Doch Fernsehen wird niemals dieselbe ernsthafte Seriosität erreichen wie ein Buch, da es immer wieder bei null anfängt und keinerlei Vorwissen vorausgesetzt wird.

3.   Die deutsche Medienlandschaft

Die deutsche Medienlandschaft wird immer mehr durch die Bildschirme bestimmt. Im Fernsehen können wir fast stündlich aktuellste Meldungen mitverfolgen oder uns einfach bequem Unterhalten lassen. Alles, was man im TV nicht machen kann, ermöglicht uns das Internet. Wir können unsere Konten von zu Hause aus kontrollieren und managen, essen bestellen und uns in den unterschiedlichsten Formen und Farben selbst verwirklichen, ja selbst Arbeiten ist inzwischen von der eigenen Wohnung aus kein Problem mehr.[19] Das Internet scheint das große „Flaggschiff" unserer Informationsgesellschaft zu sein.

Es bietet uns unendlich viele Informationen und Nachrichten an und kaum einer kann noch kontrollieren, was richtig und was falsch ist. Ein gutes Beispiel hierfür ist die Berichterstattung über die Chaostage zwischen 1995 und 1997 in Hannover. Auf einer Internetseite wurden überspitzte Ankündigungen zu diesen Tagen veröffentlicht. Viele Journalisten, die im Internet darüber recherchierten und auf diese Zeilen stießen, nahmen die Androhungen ernst. Das Ergebnis war ein riesiges Polizeiaufgebot, das einen Etat von 34 Millionen D-Mark, heute umgerechnet 17 Millionen Euro, verschlang. Die veröffentlichten Mitteilungen zu den Tagen entsprachen natürlich nicht der Realität und somit wurde ein ganzes Bundesland an der Nase herumgeführt. Der Autor schrieb dazu

---

[17] Vgl. Meyn, S. 117.
[18] Vgl. Postman, S. 101.
[19] Vgl. Meyn, S. 11.

7

später folgendes: *„Habt Ihr Euch eigentlich jemals gefragt, weshalb wir diesen schönen Kanal betrieben? Es ging darum, Euch zu den Chaos-Tagen zu mobilisieren!"*[20]. Anhand dieses Beispiels kann man sehr gut erkennen, wie unseriös es bei so mancher Berichterstattung von statten geht. Wenn es schon den Journalisten schwer fällt, zwischen einer gefälschten und einer wahren Mitteilung zu unterscheiden, woher soll dann der normale User zu Hause vor dem Rechner wissen, welcher Quelle er noch vertrauen kann?! Dieses Ereignis liegt jetzt schon mehr als 10 Jahre hinter uns. Waren es damals noch „Computerfreaks", die die nötigen Kenntnisse besaßen, solche Nachrichten zu veröffentlichen, kann es heute inzwischen jeder halbwegs technisch fitte Internetbenutzer.

Egal, welches Medium man betrachtet, ob das Internet oder das Fernsehen, überall spielt die Unterhaltung eine gewichtige Rolle. Selbst bei den öffentlich-rechtlichen Sendern laufen, neben den informativen Sendungen, Unterhaltungsserien wie „Marienhof" oder „Lindenstraße". Am Abend kommt dann entweder „Wetten dass...?!", „Musikantenstadl" oder der allseits beliebte „Tatort".[21] Das Problem an diesem „Unterhaltungswahn" ist, dass es eine Spaltung in 2 Lager gibt: Zum einen das der Informations-Elite und zum anderen das der Nicht-Informierten. Das erste Lager nutzt primär die politisch informierenden Medienangebote, wodurch diese Gruppe das Gefühl hat, den politischen Prozess zu verstehen und sich damit auch in diesen besser integriert. Die andere Gruppe hingegen nutzt bevorzugt die unterhaltenden Medienangebote, wodurch für sie ein Prozess der politischen Entfremdung von statten geht und sich somit das Desinteresse an der Politik immer mehr steigert, bis hin zur Gleichgültigkeit.[22]

4.   Fazit

Nach diesem kurzen Diskurs über die Welt der Massenmedien kommt man zwangsläufig zu dem Schluss, dass unsere Gesellschaft komplett übersättigt ist, von dem informativen Input, den sie bekommt. Die täglich neu erscheinenden Meldungen über Kriege, Katastrophen, sterbende Prominente etc. werden von den Konsumenten wie kurze Blitze im Gehirn registriert, um danach bei der nächstbesten Soap wieder vergessen zu werden.

---

[20] Meyn, S. 19.
[21] Vgl. Ebd. S. 153.
[22] Vgl. Ebd. S. 237.

Zu Zeiten von Smartphones und Tablet-PCs gibt es kaum noch die Möglichkeit, vor der Informationsflut, die uns im Internet und Fernsehen erwartet, davon zu schwimmen. Der Mensch muss endlich wieder begreifen, dass weniger manchmal eben doch mehr ist und dieses mehr sollte gerade im Bereich der Qualität von Informationen Einzug halten. Es ist nicht zu bestreiten, dass wir keine Unterhaltung benötigen, denn bei all den Sachen, die wir täglich vorgesetzt bekommen, ist es auch wichtig einfach mal Abstand zu gewinnen und abschalten zu können. Dazu ist Unterhaltungsfernsehen gedacht, aber wenn diese Sendungen knapp 70% vom täglichen TV Programm ausmachen, kann es für eine Gesellschaft nur in der Verdummung enden.

Literaturverzeichnis

I. Gedruckte Quellen

- Meyn, Hermann: Massenmedien in Deutschland, Konstanz: UVK
  Verlagsgesellschaft mbH 2004.
- Postman, Neil: Wir amüsieren uns zu Tode, Frankfurt a. M.: Fischer
  Taschenbuch Verlag 1988.
- Thoreau, Henry David: Walden oder Leben in den Wäldern, Zürich: Diogenes
  Verlag 2007.
- Weber, Stefan: Das Google-Copy-Paste-Syndrome. Wie Netzplagiate
  Ausbildung und Wissen gefährden, Hannover: Heise Zeitschriftenverlag GmbH
  & Co Kg 2009.

II. Internet Quellen

- Sparks, Edwin Erle (Hrsg.), The Lincoln-Douglas-Debates of 1858, Bd1,
  Springfield, Ill. 1908.
  URL: http://www.kobobooks.com/ebook/The-Lincoln-Douglas-debates-
  1858/book-J1AUxgk0uE6YS5ZJC0_Vjg/page1.html (29.03.2011)